京料理 炊き合わせ
伝統と進化の72品

宮川町 水簾 総料理長
島谷 宗宏

旭屋出版

目次

6 はじめに

8 京料理のなりたち

9 睦月 むつき【一月】
10 鯛蕪(17)
12 鰊昆布巻と松竹梅(17)
13 芋棒(19)
14 蛤真丈(18)
16 百合根ポタージュ(19)

21 如月 きさらぎ【二月】
22 枡大根と煮豆、干し生子煮(27)
23 鰤大根巻(27)
24 鴨の葛煮と海老芋(28)
25 うずら団子と九条ねぎ、粟麩(28)
26 金柑と網笠柚子の甘煮、黒豆、小梅人参(29)

31 弥生 やよい【三月】
32 若竹煮(37)
33 飯蛸とうど梅煮、分葱添え(37)
34 飯蛸リゾーニ(38)
35 蛍いか生姜煮のサラダ仕立て(39)
36 桜花ヨーグルト(39)

41 卯月 うづき【四月】
42 桜長芋の桜海老あんかけ(48)
43 筍とめばる(50)
44 鯛の子と湯葉(50)
46 油目と蓬麩のオランダ煮(51)
47 わらびもちカスタードがけ(51)

53 皐月 さつき【五月】
54 車海老葛煮と蓬豆腐(61)
56 豚角煮と青梅(62)
57 鯛と破竹の潮煮(62)
58 蕗のゼリーと蕗のチョコ(63)
60 穴子と春キャベツの博多寄せ(63)

※( )内の数字はレシピページです

65　水無月 みなづき【六月】
66　鱸昆布煮(73)
67　穴子養老巻(73)
68　鮑のやわらか煮と車海老、ミントジュレがけ(74)
70　青梅と新蓮根の甘煮(75)
72　蛸のやわらか煮と白ずいき、アボカドがけ(75)

77　文月 ふづき【七月】
78　夏鴨ロースと糸瓜グレープフルーツ添え(85)
79　鰻豆腐(85)
80　車海老と鱧の子玉〆、夏野菜添え(86)
82　三種の夏野菜の煮流し(87)
84　スイカジュース(87)

89　葉月 はづき【八月】
90　鍊茄子(95)　　　　　　91　冬瓜と鱧のすり流し(95)
92　たこ小倉煮いろいろ(96)　93　加茂茄子鴨まんじゅう胡麻がけ(97)
94　もずくと順才の甘煮、もものコンポート(97)

99　長月 ながつき【九月】
100　鮑やわらか煮と白ずいき(105)　101　穴子と加茂茄子(105)
102　豚角といちじくの田楽(106)　　103　鰻冬瓜葛煮(107)
104　アボカドアイス 洋なしのコンポート(107)

109　神無月 かんなづき【十月】
110　鱧松煮(117)　　　　　　112　子持鮎油煮と干しいちじく(117)
113　小燕宝楽煮(118)　　　　114　秋野菜のタルト(119)
116　車海老黄身煮ときのこの甘酢煮(119)

121 霜月 しもつき【十一月】
- 122 甘鯛と豆腐煮 (127)
- 123 海老芋蟹あんかけ (127)
- 124 秋の吹き寄せ煮 (128)
- 125 コロ燻製のはりはり煮 (129)
- 126 海老芋ソフト、海老芋チョコ (129)

131 師走 しわす【十二月】
- 132 蟹ひろうす (137)
- 133 フグの葛煮てっちり仕立て (137)
- 134 鴨ロースと金柑の煮物 (138)
- 135 鰤大根 (139)
- 136 りんご丼ぶり (139)

141 小鍋味暦 あじごよみ

- 142 【一月】鱈親子みぞれ鍋 (154)
- 143 【二月】鯉こく鍋 (154)
- 144 【三月】蛤と若布の鍋 (155)
- 145 【四月】わらびの胡麻鍋 (155)
- 146 【五月】うすい豆鍋 (156)
- 147 【六月】すずきトマト鍋 (156)
- 148 【七月】芋蛸カレー鍋 (157)
- 149 【八月】夏野菜のおでん (157)
- 150 【九月】鱧鍋 (158)
- 151 【十月】牛ホホ肉と木の子の味噌鍋 (158)
- 152 【十一月】自家製スモークサーモンの粕鍋 (159)
- 153 【十二月】すっぽんもずく鍋 (159)

161 料理の味を決める 基本の出汁(だし)のとり方
- 162 一番出汁
- 163 二番出汁
- 164 煮物用出汁
- 165 精進出汁
- 166 潮出汁
- 168 すっぽん出汁
- 169 合わせ出汁

173　器で料理を演出する。

- 174　角皿・角鉢
- 175　蓋付き碗
- 176　脚付き・高台の器
- 177　手付き器
- 178　変わり器
- 179　ガラス器
- 180　器と盛りつけのアレンジ

季節の料理を彩る むきもの・飾り切り

- 20　松笠くわい
- 30　枡大根
- 40　梅人参
- 52　花びらゆり根
- 64　六方（里いも）
- 76　六方（青身大根）
- 88　六方（小かぶ）
- 98　なすねじむき
- 108　松茸小いも
- 120　菊花小かぶ
- 130　木の葉かぼちゃ
- 140　松葉胡瓜
- 160　より人参
- 170　花びら人参
- 171　料理が映える あしらい
- 172　むきもの・飾り切り、あしらいの役割

182　著者プロフィール・店舗紹介

《本書の使い方》

- 目次のページで（　）内の数字はレシピページです。各月とも、レシピページの最後はデザートです。
- 本書は「炊き合わせ」料理を中心に紹介していますが、むきもの・飾り切りや基本の出汁などのページでは、わかりやすく一般的な「煮物」と表現しています。
- 各料理の【材料】は、地域性や好みの味加減など種々異なるため、あえて分量を入れていません。また、【材料】には主な食材を入れ、酒、塩など調味料は【作り方】で表記しています。
- 基本の出汁のとり方（P162〜169）はつくりやすい分量です。
- 料理の多くは「八方出汁」（P169）を基とする出汁を活用しています。「吸い地八方」「酒八方」「鍋八方」もP169参照。単に出汁と表記しているものは「二番出汁」（P163）を使用。また、食材を煮た出汁（煮汁、蒸し汁）を再利用する場合、味を調えるための調味料などを表記しています。好みや客層に合わせて調味してください。
- 野菜類は、特に表記のない場合は、洗う、皮をむく、種を取る、適宜切るなどの作業を済ませてからの手順を説明しています。
- 各種野菜の色出しとは、熱湯に通して冷水につけることで、より鮮やかな色に仕上げることをいいます。

はじめに

　炊き合わせとは、2種以上の煮物をひとつの器に盛り合わせた料理です。食材の持ち味を存分に生かし、出汁を介してほかの食材にもうま味を派生させてゆく。これが炊き合わせの真髄だと思っています。

　炊き合わせという舞台に立つのは、主役、脇役にかかわらず、個々の存在感を示しながらも、お互いを高め引き立て合う、名演光る役者（魚・肉や野菜）たち。そんな役者同士をつなぎ、うまくまとめあげるのが出汁といえるでしょう。

　魚や肉などたんぱく質のうま味を出汁で引き出す。その出汁を調節し、うま味を野菜にうつす。受けとめた野菜が、さらに出汁そのものをごちそうへと仕立てる——。すべてが寄り添い、支え合い、うま味を共有し合っています。

　青み、ゆずなどのあしらいは、炊き合わせた食材にはない、新たな五感を呼び覚ましてくれるアクセントに。全体を引き締める重要で華のある役柄です。そして、これら並み居る役者を受け入れてくれる、器の懐の深さも忘れてはなりません。本書では、伝統的な京料理、新しい風を吹き込んだもの、また、相性のよい食材を合わせて煮た小鍋料理や、"甘い炊き合わせ料理"ととらえたデザートも含め、全72品を紹介しています。

　料理人の仕事は、食材、出汁、あしらい、器など、トータルでバランスや相性を見極め生かしきること。みずからの役割を心得、見た目の形、季節感、香り、味わい、食感すべてに創意工夫を重ね、演出する心と技を磨きたいと願っています。

宮川町 水簾（すいれん） 総料理長
島谷 宗宏（しまたに むねひろ）

京料理のなりたち

京料理は、京都の歴史上形成された日本料理の五体系を総合したもの。出汁を基本とした調理法で創作し、それを器に盛りつけ、配膳し、しつらえの中でもてなす伝統文化に根ざした料理のこと。

一 大饗料理 だいきょうりょうり

中国の影響を受けた平安貴族の儀式用料理。野菜や魚は「生」「蒸す」「焼く」など施しただけで、各自が塩、酢、酒、醤などで調味して食した。

二 精進料理 しょうじんりょうり

動物の殺生を戒める仏教の影響から、禅寺で生まれた野菜中心の料理。野菜のうま味を引き出すために、「煮る・和える」調理が加わる(鎌倉時代)。

三 本膳料理 ほんぜんりょうり

大饗料理をモデルに、武士の間で形成した儀式用料理。室町時代に成立し、江戸時代に確立。銘々膳をいくつも並べ、配膳や食べ方に作法がある。日本料理の最もフォーマルなスタイルで、これを簡素化したのが現在の会席料理。

四 懐石料理 かいせきりょうり

千利休が完成させた茶の湯の席で出される食事として、精進料理や本膳料理の影響を受けて発展。吟味した食材を味よく調理し、温かいものは温かく、一番おいしいタイミングで供するのが特徴(桃山時代)。

五 お番菜 おばんざい

京都の家庭でつくられるお惣菜、おかずの意。献立集『年中番菜録』(嘉永2年)には、「民家の食事にて関東は惣菜といい、関西にてお雑用という日用の献立を集める。珍しい料理、高価な料理は番菜にならないので除き…」とあり、元来は京料理に限られていなかった。

京料理 炊き合わせ 睦月【一月】
_{むつき}

タイのうま味を
かぶにしっかり含ませて。
冬の京都の出会いものの
定番です。

鯛蕪
たい かぶら

鰊昆布巻と
松竹梅

晴れやかなお正月をイメージ。
松竹梅のくわい、千社軸、京人参は
それぞれ、調節した出汁で煮ています。

芋棒(いもぼう)

海老いもは京の伝統料理で、
棒ダラは干物文化が根づいた
京都ならではの出会いもの。

蛤真丈
はまぐりしんじょう

酒蒸ししたハマグリの蒸し汁で仕立てた真丈を、新年祝賀の盛りつけに。

ゆり根の甘煮をペースト状にしたねっとり感と、サクッとした最中の皮が絶妙です。

百合根ポタージュ

一月の炊き合わせ　睦月

鯛蕪

【材料】
タイ、かぶ、菊菜、ゆず

【作り方】
① タイは3枚におろし、ひと口大に切って軽く塩を振り、熱湯で霜降りする。
② かぶは四角に切り(P30参照)、下ゆでする。
③ ①を酒のきいた八方出汁で煮込み、火が通ったらバットに丘上げして冷ます。
④ ③の煮汁を二番出汁で少し薄め、②をゆっくり煮込む。そのまま冷ます。
⑤ 器に盛り合わせ、菊菜と針ゆずを添える。

鰊昆布巻と松竹梅

【材料】
みがきニシン、昆布、かんぴょう、くわい、千社軸(ちしゃとうの茎)、京人参

【作り方】
① みがきニシンは米のとぎ汁でゆで、水にさらし、うろこと骨をそうじする。
② 昆布は水でもどし、①のニシンを芯にして巻き、もどしたかんぴょうで結ぶ。
③ 鍋に②を並べ、酒、昆布のもどし汁を入れ、やわらかくなるまで煮る。
④ 砂糖と濃口醤油を少しずつ加え、ゆっくり煮詰めていく。
⑤ くわいは松笠にむき(P20参照)、唐揚げにする。千社軸は竹型にむき、色出しする。
　 京人参は梅にむき(P40参照)、下ゆでする。④の煮汁を二番出汁で薄め、それぞれを煮る。
⑥ 器に④と⑤の松竹梅(くわい、千社軸、京人参)を盛り合わせる。

蛤真丈

【材料】
ハマグリ、すり身、長いも、れんこん、すき昆布、せり、梅肉

【作り方】
① バットに昆布を敷き、ハマグリをのせて酒を振り、殻が開くまで蒸す。
② ハマグリの身を熱いまま取り出して、冷めるまで蒸し汁に漬けておく。
③ ②のむき身を荒くぶつ切りにし、すり身とおろした長いも、あられに切ったれんこんを混ぜ合わせる。
④ ②の蒸し汁を二番出汁で薄め、みりんと塩で味を調える。
⑤ ③を団子に丸め、煮立てた④の中に落としていく。
⑥ ハマグリの殻にすき昆布を敷き、⑤の真丈をのせ、結んだせりと梅肉を飾る。

作り方③のタネを手にとり、握った親指と人差し指の間からしぼり出し、
スプーンで丸くすくって出汁の中に落として真丈をつくる。

一月の炊き合わせ　睦月

芋棒

【材料】
棒ダラ、海老いも、千社軸（ちしゃとうの茎）、ゆず

【作り方】
① 棒ダラは水を換えながらゆっくりもどし＊、米のとぎ汁でやわらかくなるまでコトコトゆで、水にさらす。
② ①を竹の皮で結び、酒をたっぷり入れた出汁で煮る。
③ 砂糖と濃口醤油を少しずつ加え、ゆっくり煮詰めていく。
④ 海老いもは六方にむき(P64参照)、米のとぎ汁でやわらかくゆで、水にさらす。
⑤ ②の煮汁を二番出汁で薄め、④をじっくり煮込む。
⑥ 器に盛り合わせ、針に切った千社軸を添え、ゆずを振る。

＊棒ダラのもどし方：たっぷりの水に漬けて（夏は2〜3日、冬は4〜5日程度。気温や水温によって異なる）、毎日水を換える。

百合根ポタージュ

【材料】
ゆり根、牛乳、生クリーム、求肥(ぎゅうひ)、梅肉、最中の皮

【作り方】
① ゆり根は牛乳、生クリーム、砂糖でやわらかくなるまで煮る。
② ①をミキサーにかけ、冷まし、器に注ぐ。
③ 5mm角に切った求肥シートを加え、ゆり根の天ぷらと梅肉を飾り、最中の皮を添える。

1 季節の料理を彩るむきもの・飾り切り

松笠くわい

くわいの形を生かし、切り込みを入れて松笠に仕立てる。茎の先に芽が見えることから、「芽出たい」「必ず芽が出る」縁起物とされる。

くわいの下部を切り落とす。くわいの形に沿って下から茎まで六方(P64参照)にむく。薄皮を手でむいてきれいにした茎側から包丁を入れ、V字に切り取る。茎側はやや浅く、下にいくにつれて大きく包丁を入れ、場所をずらしながらランダムに切り取ると雰囲気が出る。下部まで切り込みを入れて全体に模様をつける。

京料理 炊き合わせ

如月 きさらぎ 【二月】

枡大根と煮豆、干し生子煮

節分にちなみ、大根を枡型に。豆をはじめ山海の幸を彩りよく詰めました。

定番のブリ大根を巻いて見映えよく、
あえて料理屋風に仕立てました。

鰤大根巻
ぶり だい こん まき

2月は鴨のシーズンです。
鴨のうま味を海老いもにもうつして魅力を高めます。

鴨の葛煮と
海老芋
くずに

京都では骨ごと叩いていただく、うずら。とろとろに煮た九条ねぎと好相性です。

うずら団子と九条ねぎ、粟麩
あわ　ふ

おせちでもおなじみの柑橘の甘煮は、
2月の会席料理の最後にもよく登場します。

金柑と網笠柚子の甘煮、黒豆、小梅人参

二月の炊き合わせ　如月

枡大根と煮豆、干し生子煮

【材料】
大根、大豆、干し生子、赤こんにゃく、海老、千社軸（ちしゃとうの茎）

【作り方】
① 大根は枡型にむき（P30参照）、軽く湯がいて、薄めの吸い地八方で煮込む。
② 大豆はひと晩水に浸けてもどし、ゆでこぼす。干し生子はもどし、大豆の大きさに切る。赤こんにゃくも同様に切って下ゆでする。すべて甘めの八方出汁でしっかり煮る。
③ 海老をゆで、千社軸を色出しして、同じサイズに切る。
④ ②と③を合わせ、①の枡大根に盛りつける。

鰤大根巻

【材料】
ブリ、大根、間引き大根＊、京人参、ゆず

【作り方】
① ブリは四角にサク取りして軽く塩をし、霜降りする。
② 大根はブリの幅に合わせて切り、太めの桂むきにしてさっとゆでる。
③ ①を②で巻き、竹の皮で結び、酒のきいた濃いめの八方出汁でコトコト煮込む。
④ ③を輪切りにして器に盛り、③の出汁でさっと煮た間引き大根、針に切った京人参を添え、あられに切ったゆずを散らす。
※おばんざいの「鰤大根」⇒ P135・139参照

＊間引き大根：大根の栽培では通常2回の間引きを行うが、その生長過程の間引き時に収穫した細く小さい大根のこと。

鴨の葛煮と海老芋

【材料】
鴨ロース、海老いも、青ねぎ、白ねぎ、ゆず、紅胡椒

【作り方》
① 鴨の身はそうじしてスライスし、薄く塩をする。
② 海老いもは六方にむき(P64参照)、米のとぎ汁でやわらかくゆで、水にさらす。
③ ①の端の脂身の部分と②の海老いもを一緒に煮込む。
④ ①の身に葛粉をまぶし、濃いめの八方出汁で軽く煮る。
　 火を入れ過ぎないように煮て丘上げする。
⑤ ③を切り分けて器に盛り、④をのせ、針に切った青ねぎと白ねぎ、棒に切ったゆず、
　 紅胡椒を添える。

うずら団子と九条ねぎ、粟麩

【材料】
うずらミンチ、卵、山いも、粟麩、九条ねぎ、京人参、ゆず

【作り方】
① うずらミンチに卵とおろした山いもを混ぜ、団子に丸めて八方出汁に落としていく。
② 粟麩は唐揚げにし、九条ねぎと一緒に①の出汁で煮込む。
③ 器に盛り合わせ、より人参(P160参照)、針ゆずを添える。

二月の炊き合わせ 如月

金柑と網笠柚子の甘煮、黒豆、小梅人参

【材料】
きんかん、ゆず、黒豆、京人参、梅酒、梅肉

【作り方】
◆ **金柑甘煮**
① きんかんはへたを取り、包丁で数カ所切れ目を入れる。下ゆでした後、ひと晩水に浸けておく。
② 少し押しつぶしながら種を取り、シロップでゆっくり煮詰める。

◆ **網笠柚子**
③ ゆずは表面の皮をおろし金で優しく削り、半分に割って果肉を取る。
　下ゆでした後、ひと晩水に浸けておく。
④ 中身の筋を取り除き、半分に折り、シロップでゆっくり煮詰める。

◆ **黒豆**
⑤ 黒豆は米のとぎ汁にひと晩浸けてもどした後、鉄粉を入れてやわらかくなるまで湯がく。
　冷ました後、もうひと晩水にさらす。
⑥ 割れているものや皮のはがれているものを選別し、はじめは薄いシロップで煮込み、
　少しずつ砂糖を足して濃度を上げていく(はじめからから高濃度で煮るとシワがよりやすい)。
⑦ 少量の醤油と白ワインを加えて風味をつける。

◆ **小梅人参**
⑧ 京人参は丸く型を抜き、下ゆでした後、ひと晩水に浸けておく、
⑨ シロップに梅酒と梅肉を混ぜ、しっかり煮込む。

⑩ 器に金柑甘煮と網笠柚子を盛りつけ、黒豆と小梅人参を松葉に刺して飾る。

2 季節の料理を彩る むきもの・飾り切り

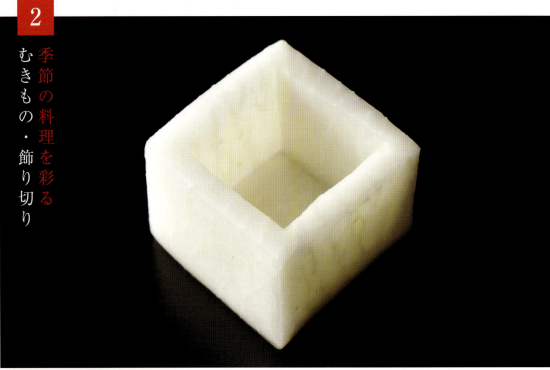

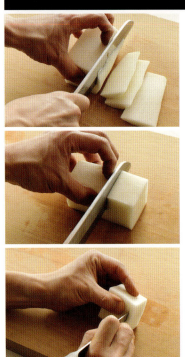

枡大根

節分では、豆(魔滅)をぶつけることによって鬼に見立てた邪気を追い払う。その豆を入れる枡に見立てたのが枡大根。

大根は25mmほどの長さに切り、四角に木取る※。ペティナイフで深さを確認し、底に穴を開けないように、3mmほどの縁を残して内側を切る。切れ目を入れた面を上にし、横1カ所に切れ目を入れて下を切り離す。内側に刃を刺して抜く。

※木取る(四角)
丸く木取った(P64参照)弧を切り落とし、1つの角を90度にして4辺の長さをそろえ、正四角形柱をつくる。垂直に包丁を入れて4回で木取るのがベストだが、ズレがあれば微調整して整える。

京料理 炊き合わせ 弥生【三月】

若竹煮

追いがつおの出汁を、
筍がしっかり受けとめています。

飯蛸とうど梅煮、分葱添え

旬を迎えた飯ダコとわけぎを合わせ、梅風味のうどがさっぱりと引きしめます。

飯蛸リゾーニ

米粒が詰まっているような飯ダコと、
米粒の形をしたパスタの組み合わせ。

蛍いか生姜煮の
サラダ仕立て

ホタルイカ活用のサラダ感覚の炊き合わせ。
春の芽吹きを感じる盛りつけで。

桜花ヨーグルト

桜の花の塩漬けを和えたヨーグルトが、ほんのりピンク色に染まって。

三月の炊き合わせ　弥生

若竹煮

【材料】
筍、塩わかめ、ふき、削り節、木の芽

【作り方】
① 筍は穂先を切り、鷹の爪とぬかを入れたたっぷりの水で、やわらかくなるまでゆでる。
② ①を醤油を入れない八方出汁で煮る。追いがつおをしてから、蓋をしてさらにじっくり煮込む。
③ 塩わかめは洗ってさっとゆで、八方出汁でやわらかく煮る。
④ ふきは板ずりして皮をむき、色出しし、吸い地八方に漬けておく。
⑤ 器に②と③を盛り合わせ、④のふき、削り節、木の芽を添える。

飯蛸とうど梅煮、分葱添え

【材料】
飯ダコ、うど、梅肉、わけぎ、木の芽

【作り方】
① 飯ダコはそうじして頭と足に分け、頭は楊枝で止め、どちらもさっと霜降りする。
② うどはほうき型に切れ目を入れ、梅肉で味をつけた出汁でさっと煮る。
　　わけぎは下ゆでし、吸い地八方に漬けておく。
③ ①を濃いめの濃口八方で煮る。足は軽く煮て丘上げし、頭はしっかり煮込む。
④ ③を切り分け、②とともに器に盛り、木の芽を添える。

飯蛸リゾーニ

【材料】
飯ダコ、リゾーニ*、菜の花、卵

【作り方】
① 飯ダコは煮る(P37参照)。
② リゾーニは、塩少々を入れた熱湯でゆで、軽くオリーブオイルを振っておく。
③ 器に入れた②の上に①を盛り、軽く蒸す。
④ ①の煮汁を二番出汁で薄め、醤油で味を調え、ゆるいあんにして③にかける。
　 湯がいた菜の花を添え、煎り玉子をかける。

*リゾーニ：米粒の形をしたショートパスタの一種。

三月の炊き合わせ 弥生

蛍いか生姜煮のサラダ仕立て

【材料】
ホタルイカ、筍、白魚、アスパラ、うど、梅肉

【作り方】
① ホタルイカはそうじして、スライス生姜を加えた八方出汁でさっと煮る。
② 筍は煮る(P37参照)。白魚、アスパラは湯がく。
　それぞれホタルイカの大きさに合わせて切る。
③ 器に大根のけんを敷き、①と②、花びらにむいた(P170参照)うどを盛り合わせ、
　出汁でのばした酢味噌をかける。白魚に梅肉を添える。

桜花ヨーグルト

【材料】
赤えんどう、筍、桜花*、ヨーグルト、ミント

【作り方】
① 赤えんどうはもどし、湯がいてからシロップで煮る。
② 筍はゆでる(P37参照)。ひと晩おき、根元部分をさいの目に切り、シロップで煮る。
③ 桜花は包丁で粗めにたたき、ヨーグルトを混ぜ合わせ、砂糖で味を調える。
④ 器に③を注ぎ、①と②を上に浮かせるように散らし、ミントを飾る。

*桜花：桜花漬または桜漬のこと。七〜八分咲きの八重桜を塩または塩と梅酢に漬け込んだもの。

3 季節の料理を彩る むきもの・飾り切り

梅人参

梅の時期は1月〜3月。松竹梅の縁起物としては、1年を通して用いることができる。表面を斜めにむき取ることで表情がつき、料理に華を添える。

人参は必要な長さに切り、皮をむいて五角に木取る※。すべての辺の中央に深さ3㎜ほどの切り込みを入れ、角を丸く取りながら切れ目の深いところに向かって、丸みをつけて切る。反対側も同様に。上面の花びらの側に包丁を入れ、中心に向かって切り込みを計5本入れる。刃を寝かせて中心を支点に切れ目から次の切れ目へ斜めに、人参を回して切る。厚さは用途に合わせて切る。

※木取る（五角）
角はすべて108度、辺は同じ長さ、相対する辺の中心に角がくるように木取る。まな板に対して72度の角度で包丁を入れ、5つの辺を切り落とす。1つの角が108度のため、正五角形に木取るのは難しいが、何度も練習して感覚をつかみたい。

京料理 炊き合わせ

卯月【四月】
うづき

桜形の長いもと桜海老のあん、
桜がさねのやさしい春らしい一品です。

桜長芋の桜海老あんかけ

筍とめばる
<small>たけのこ</small>

相性抜群の旬の出会いもの。
筍は炙った中骨を入れて煮て
うま味をぐっと引き出します。

鯛の子と湯葉

あっさり上品な味わいの湯葉を、
タイの子の濃厚な出汁で煮含めます。

旬を迎えたアブラメとバランスをとるため、
よもぎ麸は油で揚げてから出汁で煮ます。

油目と蓬麸の
オランダ煮

しっかり練ったわらび餅とわらびの甘煮に、
カスタードの黄と一寸豆の緑で彩りよく。

わらびもち
カスタードがけ

桜長芋の桜海老あんかけ

【材料】
長いも、桜海老、うすい豆*

【作り方】
① 長いもは桜の形にむき、崩さないようにゆっくり下ゆでする。
② 砂糖と塩で甘めに味つけした出汁に①を入れ、静かに煮込む。
③ ②の出汁を少し取り、葛で軽くとろみをつけ、桜海老を加える。
④ 器に②を盛り、③のあんをかけ、湯がいたうすい豆を散らす。

*うすい豆：えんどう豆の一種で、さやの中の実を食べる「実えんどう」。春の旬野菜として、特に関西で親しまれている食材。

出汁が熱々のあんの状態になったら桜海老を入れ、
身がつぶれないように手早く混ぜて桜海老あんをつくる。

四月の炊き合わせ　卯月

筍とめばる

【材料】
筍、メバル、菜の花、木の芽、桜花

【作り方】
① 筍はゆでる(P37参照)。
② メバルは3枚におろし、軽く塩をし、霜降りする。
③ 酒のきいた八方出汁で②をさっと煮て、丘上げする。
④ ③の煮汁を二番出汁で薄め、淡口醤油で味を調え、炙った中骨を加えて①をしっかりと煮込む。
⑤ 器に盛り合わせ、湯がいた菜の花、木の芽、桜花を添える。

鯛の子と湯葉

【材料】
タイの子、巻湯葉、アスパラ、人参、木の芽

【作り方】
① タイの子はひと口大に切り、熱湯に入れて開かせ、しっかりゆでて水にさらす。
② 酒のきいた八方出汁で、①のタイの子に出汁が浸透するまで
　 バラバラにならないように静かに煮込む。
③ 巻湯葉は軽く炙り、②の煮汁を二番出汁で薄め、醤油で味を調えてさっと煮る。
④ 器に盛り合わせ、色出しした アスパラ、花びら人参(P170参照)、木の芽を添える。

四月の炊き合わせ　卯月

油目と蓬麩のオランダ煮

【材料】
アブラメ、よもぎ麩、スナップえんどう、木の芽味噌、ゆり根

【作り方】
① アブラメは3枚におろし、骨切りをし、軽く塩をする。
② ①を葛打ちし、酒のきいた八方出汁に入れ、身が開いて火が入ったら取り出しておく。
③ よもぎ麩はサイコロ状に切り、180〜190℃のやや高温の油でさっと揚げ、表面を固める。
④ ②の煮汁に砂糖と淡口醤油を加えて味を調え、③をさっと煮る。
⑤ 器に盛り合わせ、湯がいたスナップえんどう、木の芽味噌、花びらゆり根(P52参照)を添える。

わらびもちカスタードがけ

【材料】
わらび、一寸豆、本わらび粉、桜花

【作り方】
① わらびは塩でもんでそうじし、灰を振りかけ、熱湯から少し水を足した約90℃の湯に浸ける。蓋をしたまま冷ましてアクを抜く。一寸豆も湯がいておく。
② ①のわらびと一寸豆をシロップで煮る。
③ 鍋に卵黄、牛乳、砂糖、小麦粉を入れて練り、カスタードクリームをつくる。
④ 水と黒糖を合わせ、火にかけ、本わらび粉を加えてわらび餅を練っていく。
⑤ しっかり練った④を丸い形に整え、冷水に落とす。
⑥ 器に⑤を盛り、②のわらびをのせて③をかけ、一寸豆と桜花を飾る。

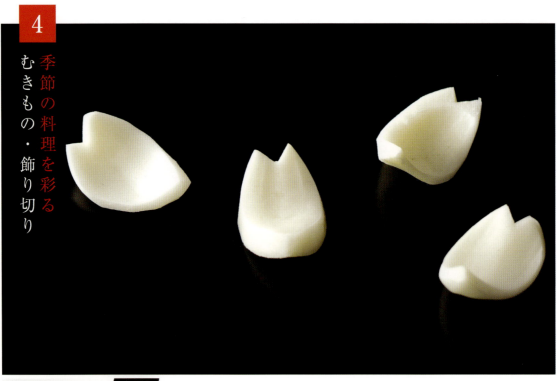

> 4 季節の料理を彩る　むきもの・飾り切り

花びらゆり根

ゆり根の鱗片の丸みと形を生かし、桜の花びらに。食用色素入りの水でゆでる※と、切り口だけに色が入り、より雰囲気が出る。

ゆり根を1枚ずつはがす。外側の大きな鱗片よりも少し内側のやや小ぶりな鱗片を使うとよい。鱗片の先端に包丁を入れ、輪郭を整える。包丁は一息に動かしてシャープで勢いのあるラインをつくる。反対側も同様に。花びらの先端になる部分に包丁を入れ、V字に切り取る。

※鍋に水と少量の食用色素を入れ、花びらの形に完成したゆり根をゆでると、皮膜を切り取った部分だけがピンクに染まる。

京料理 炊き合わせ

皐月(さつき)【五月】

車海老葛煮と蓬豆腐

よもぎを風味よく
葛で練り上げ、
車海老も葛粉を
まぶして煮ました。

青梅を豚バラ肉の出汁で煮て、
その出汁でさらに豚角煮を煮込み…と
お互いのうま味と風味を分かち合って。

豚角煮と青梅

鯛と破竹の潮煮(うしおに)

ハチクはタイのアラで煮てうま味をうつしました。
結んだふきや絹さやが彩りと食感をプラス。

五月のデザート。
色鮮やかなふきの甘煮を
ゼリーに冷やし固めたり、
チョコでコーティングしたり。

蕗のゼリーと蕗のチョコ

煮アナゴと、その出汁で煮た春キャベツを、華やかなミルフィーユ仕立てに。

穴子と春キャベツの博多寄せ

五月の炊き合わせ　皐月

車海老葛煮と蓬豆腐

【材料】
よもぎ、葛、車海老

【作り方】
① よもぎはそうじして、灰あくを入れた湯で湯がき、水にさらした後、すりつぶしてペーストにする。
② 葛をざるで漉しながら出汁に溶かし入れ、火にかけコシが出るまでしっかり練る。
③ ②に①を混ぜ合わせ、流し缶に流し入れ、冷やし固める。
④ 活けの車海老は開き、軽く塩をする。葛粉をまぶし、吸い地八方でさっと煮て、
　 取り出して冷ます。冷ました出汁に車海老を漬けもどす。
⑤ ③のよもぎ豆腐を切り分けて器に盛り、④の車海老をのせる。

豚角煮と青梅

【材料】
青梅、豚バラ肉ブロック、人参、うすい豆(P48参照)、粗挽き胡椒

【作り方】
① 青梅は全体に針打ちをして、水から湯がき、沸騰する前に火を止める。
　そのまま1日おき、水にさらす。
② 豚バラ肉は3cm幅くらいに切り分け、タコ糸でしばり、フライパンで脂を落とすようにしっかり焼く。
③ 鍋に②を入れ、砂糖と淡口醤油を加えた出汁でやわらかく煮込む。
④ ③の出汁を少し甘めに味つけし、①をしっかり煮込む。
⑤ ④の出汁を③にもどし、さらに煮込む。
⑥ 器に盛り合わせ、棒に切った人参、湯がいたうすい豆を添え、粗挽き胡椒をかける。

鯛と破竹の潮煮

【材料】
タイ、ハチク、ふき、絹さや

【作り方】
① タイは3枚におろし、カマと身をひと口大に切り分け、軽く塩をする。
② ハチクはぬかを入れて湯がき、アクを抜いておく。
③ 鍋に①と骨、②のハチク、昆布を入れ、たっぷりの酒と水でしっかり煮込む。
④ 器に盛り合わせ、色出ししたふきと絹さやを添える。

五月の炊き合わせ　皐月

穴子と春キャベツの博多寄せ

【材料】
アナゴ、春キャベツ、卵、一寸豆、ピンクペッパー

【作り方】
① アナゴはぬめりを取り、そうじをしてさっと霜降りし、酒のきいた甘めの八方出汁でしっかり煮込む。
② ①のアナゴを抜き板に並べて形を整える。
③ ①の煮汁を二番出汁で薄め、淡口醤油で味を調え、春キャベツをさっと煮る。
④ 流し缶に②と③を重ねていき、溶き卵を流して全体になじませて蒸し上げる。
⑤ 四角に切り分けて器に盛り、一寸豆の塩ゆで、ピンクペッパーを添える。

蕗のゼリーと蕗のチョコ

【材料】
ふき、パールアガー、クーベルチュール*、クコの実

【作り方】
① ふきは塩ずりし、湯がいて皮をむいてシロップで煮る。
② パールアガー、砂糖、水を合わせて火にかけ、沸騰させてゼリーベースをつくる。
③ ①のふきを流し缶にいかだ状に並べ、②を流し入れて少し冷まし、さらにふきを並べる。この作業を繰り返してふきとゼリーの層をつくる。
④ クーベルチュールを湯せんで溶かし、テンパリング*した中に5cm幅に切った①をつけてコーティングしていく。
⑤ ③を切り分けて器に盛り、もどして甘く炊いたクコの実をのせる。

*クーベルチュール：カカオ分が35％以上、カカオバターが31％以上含まれるなど、成分に厳格な規定がある高級チョコレート。製菓の仕上げによく使われる。
*テンパリング：一度溶かしたチョコレートを再度固めるときに行う温度調整。カカオバターの結晶を安定させ、風味や口当たりがよくなる。

5 季節の料理を彩る むきもの・飾り切り

六方（里いも）

里いもやかぶなど、球形の野菜の丸みをそのまま生かしながら皮をむいていく方法。主に煮物に用い、見映えがよく、煮崩れもしにくくなる。

里いもの上下を切り落とし、断面が平行になるようにする。六角に木取る※要領で、断面が六角になるように包丁の刃を入れる。側面は野菜の丸みに合わせ、野菜に対して包丁の角度を一定にしてむく。同様に断面の角が120度になるように6辺をむく。

※木取る（六角）
丸く木取った（輪切りにして皮をむいたもの。だいこんなどの根菜類やいも類など、多くの野菜でむきものの基本となる形）中に六角を木取っていく。1つの角が120度に、なおかつ相対する辺が平行になるよう、包丁を入れて切り落とす。

京料理 炊き合わせ

水無月
みなづき 【六月】

鱸(すずき)昆布煮

スズキは焼き浸しにし、昆布は焼いた骨入りの八方出汁で香ばしく煮つけます。

穴子養老巻

焼きアナゴに
かんぴょうを巻いて
煮含めることで、
味も形もひとつに
まとまります。

鮑(あわび)のやわらか煮と車海老、ミントジュレがけ

アワビのうま味を小いもに与え、車海老の出汁で煮たミントのジュレでさわやかさを演出しました。

六月のデザートは青梅と新れんこんを使って。
青梅は針打ちしてしっかり酸味を抜きます。
シャキシャキした新れんこんの甘みが新鮮。

青梅と
新蓮根の甘煮

蛸のやわらか煮と白ずいき、アボカドがけ

新鮮なタコを一度冷凍してから煮ると、驚くほど早くやわらかくなります。

六月の炊き合わせ　水無月

鱸昆布煮

【材料】
スズキ、昆布、青ずいき、梅肉

【作り方】
① スズキは3枚におろしてひと口大に切り、軽く塩をして、骨と一緒に素焼きする。
② 昆布は水でもどし、①の骨を加えた甘めの八方出汁でやわらかくなるまでしっかり煮込む。
③ ②の煮汁を二番出汁で薄め、淡口醤油で味を調え、①のスズキを漬ける。
④ 器に盛り合わせ、色出しした青ずいきをのせ、梅肉を添える。

穴子養老巻

【材料】
開きアナゴ、かんぴょう、絹さや、人参

【作り方】
① アナゴはそうじし、白焼きにする。
② 太さを切りそろえた①を芯にして、塩もみしてもどしたかんぴょうで巻く。
③ 酒のきいた甘めの八方出汁でしっかり煮込む。
④ 切り分けて器に盛り、色出しした絹さや、針に切ってさっと煮た人参を添える。

鮑のやわらか煮と車海老、ミントジュレがけ

【材料】
アワビ、車海老、小いも、オクラ、ミント、ゼラチン

【作り方】
① アワビは塩でそうじし、殻のついたまま大根おろしをのせてやわらかくなるまで蒸し上げる。
② 殻からはずし、酒のきいた濃いめの八方出汁でしっかり煮込む。
③ 車海老は酒八方でさっと煮る。
④ 小いもは米のとぎ汁でやわらかくなるまでゆで、水にさらした後、
　②の煮汁に砂糖と塩を加えて味を調え、しっかり煮込む。
⑤ ③の煮汁を二番出汁で薄め、ミントの葉をたっぷり入れて沸騰させ、
　ゼラチンを溶かして冷やし固める。
⑥ ②を切り分け、③④とともに器に盛り合わせる。⑤をつぶしてかけ、色出ししたオクラを添える。

蒸しアワビは大根おろしと一緒に蒸すとやわらかく仕上がる。これは大根に含まれる分解酵素の働きによる。

六月の炊き合わせ　水無月

蛸のやわらか煮と白ずいき、アボカドがけ

【材料】
タコ、白ずいき、アボカド、三度豆*、トマト

【作り方】
① 活けのタコはそうじし、足を切り分け、1本ずつ冷凍して筋肉をほぐす。
② ①を解凍し、酒のきいた濃いめの八方出汁で蒸し煮込みにする。
③ 白ずいきは皮をむき、大根おろしと鷹の爪を入れて湯がき、水によくさらす。
④ 醤油を入れず、みりんと塩だけの少し甘めの出汁で、③をさっとくぐらせて丘上げする。冷ました出汁に白ずいきを漬けもどす。
⑤ ②と④を切り分けて器に盛り、塩とレモンで薄く味つけしたアボカドペーストをかける。色出しした三度豆、さいの目切りにしたトマトを添える。

*三度豆：いんげん豆の別名。収穫までの時期が短く、1年で3回（三度）収穫できることが名前の由来。

青梅と新蓮根の甘煮

【材料】
青梅、新れんこん、梅肉、ナスタチウム*

【作り方】
① 青梅はへたを取り、針打ちをして湯がく（P62参照）。
② ①と新れんこんはシロップで煮る。
③ クラッシュアイスを敷いた器に盛りつける。新れんこんに梅肉を添え、ナスタチウムを飾る。

*ナスタチウム：南米原産のつる性の一年草で、葉や花などはハーブとして食用に。和名はキンレンカ。

6 季節の料理を彩る むきもの・飾り切り

六方（青身大根）

年末に収穫時期を迎える青身大根は、お雑煮など正月料理に使われることも多い細みの大根。春大根は、寒さがやわらいでから間引きする。

大根の葉元から根元に向かって、断面が六角になるように包丁の刃を入れる。葉と首の境目部分をきれいに整え、根元を切り落とす。葉つきのまま用いてアクセントに。

京料理
炊き合わせ

文月
ふづき
【七月】

うま味あふれる鴨と糸瓜の異なる食感を、
グレープフルーツの酸味が引き立てます。

夏鴨ロースと糸瓜
グレープフルーツ添え

鰻豆腐
<small>うなぎ</small>

定番中の定番の炊き合わせは、
清涼感のある青みのあしらいがアクセントに。

車海老と鱧(はも)の子玉〆(たまじめ)、夏野菜添え

彩りよく、涼やかに、出汁が香る海の幸と夏野菜の盛り合わせです。

鮮やかな色合いとうま味に、
さわやかな喉ごしの夏の涼味。

三種の夏野菜の煮流し

食後もさっぱりと喉を通るデザートです。
黒豆をスイカの大粒の種に見立てました。

スイカジュース

七月の炊き合わせ　文月

夏鴨ロースと糸瓜グレープフルーツ添え

【材料】
鴨ロース、糸瓜、グレープフルーツ（白・ピンク）、オクラ、辛子

【作り方】
① 鴨ロースはそうじして、フライパンで皮の脂をしっかり出しながら、こんがり焼き目がつくまで焼く。
② 鍋に酒、みりん、淡口醤油、砂糖を少し甘めに味つけして入れ、アルコールを飛ばしたところに①を加え、中がレアな状態になるように蒸し煮込みする。
③ 中がやわらかい状態で取り上げ、金串で身を刺して血抜きし（P138参照）、煮汁と鴨ロースを別々に冷ます。
④ 冷ました煮汁の表面に浮いた脂を取りのぞき、鴨の身を漬けもどす。
⑤ 糸瓜は輪切りにし、熱湯で湯がき、中の実をほぐし取る。
⑥ ⑤を吸い地八方でさっと煮て丘上げする。冷ました出汁に糸瓜を漬けもどす。
⑦ 器に⑥を盛り、切り分けた④をのせ、2色のグレープフルーツを添える。④の煮汁を二番出汁で薄め味を調えて上からかけ、オクラ、辛子を添える。

鰻豆腐

【材料】
うなぎ、木綿豆腐、胡瓜、わさび、しその花

【作り方】
① うなぎは白焼きにして、濃いめの八方出汁でやわらかく煮込む。
② ①の煮汁に砂糖を淡口醤油を加えて味を調え、水切りした木綿豆腐をしっかり煮込む。
③ ①と②を同じサイズに切り分け、器に盛り合わせる。
④ 針に切った胡瓜とわさび、しその花を添える。

車海老と鱧の子玉〆、夏野菜添え

【材料】
ハモの子、卵、車海老、かぼちゃ、加茂なす、小いも、ヤングコーン、オクラ、ゆず

【作り方】
① ハモの子は湯がいて水にさらした後、同量の卵とその半量の出汁を入れる。淡口醬油で味つけし、半熟状態になるまで火を入れる。
② ①を流し缶に流して蒸し固め、冷ましてから四角に切り分ける。
③ 車海老は背わたを取り、八方出汁でさっと煮る。
④ かぼちゃは皮をむいてひと口大に切り、甘めの八方出汁で煮る。
⑤ 加茂なすは皮をむいて切り分け、さっと油で揚げてから八方出汁で煮る。
⑥ 小いもは米のとぎ汁で湯がき、③の煮汁を砂糖と塩で調味した出汁で煮る。
⑦ ヤングコーンとオクラはさっと塩ゆでにする。
⑧ それぞれを器に盛り合わせ、ゆずを振る。

限られた時期にしか味わえないハモの子。溶き卵や出汁を入れて火にかけ、よく混ぜ合わせる。全体がとろっと半熟状態になったら流し缶に移して蒸し上げる。

七月の炊き合わせ　文月

三種の夏野菜の煮流し

【材料】
トマト、モロヘイヤ、とうもろこし、アワビ、車海老、ホタテ

【作り方】
① トマトは湯むきし、半分に切って種を取り、ざく切りする。同量の出汁とともに吸い地八方で煮る。
② モロヘイヤは湯がき、同量の出汁でのばしながらミキサーにかける。
③ とうもろこしは蒸して粒をはずし、同量の出汁でのばしながらミキサーにかける。
④ ①②③をそれぞれグラスに流し入れ、鮑のやわらか煮と車海老(P74参照)、
　 酒蒸ししたホタテをそれぞれに盛りつける。

スイカジュース

【材料】
スイカ、糸瓜、胡瓜、黒豆

【作り方】
① スイカは種を取り、ミキサーにかけてジュースにし、砂糖で味を調える。
② 糸瓜は半分に切り、湯がいてばらしておく。胡瓜はさいの目切りにし、
　 さっと湯がいて色出しする。どちらもシロップで煮る。
③ 器に①を注ぎ、②を盛り、黒豆を飾る。

7 季節の料理を彩る むきもの・飾り切り

六方（小かぶ）

小かぶを六方（P64参照）にむいて中をくり抜き、器に仕立てる。中に入れる料理の量に合わせて、くり抜く深さや大きさを変える。

小かぶの茎を切り落とす。下部を厚めに切り落とし、上から六方にむく。ふたにする茎の周りも六方にむく。器具のくり抜きを小かぶにかぶせるようにして当て、手首を回転させて中身をくり抜く。丸くくり抜いた中身は菊花小かぶ（P120参照）で使用。

京料理 炊き合わせ 葉月【八月】
_{はづき}

鰊茄子
にしん

夏の出会いものの定番。冬の芋棒と双璧の、
干物文化が栄えた京のおばんざいです。

冬瓜と鱧のすり流し

すり流しにすることでハモのうま味が冬瓜に一層うつされます。

たこ小倉煮いろいろ

羊羹、茶巾ゼリー、プリン…
水菓子のお中元をイメージした
ひんやり冷たい炊き合わせです。

加茂茄子 鴨まんじゅう 胡麻がけ

かも×かもの組み合わせに、どちらも相性のよい胡麻ダレをかけて。

もずくと桃の意外な組み合わせですが、ところてんのようにツルツルとすすむ、店でも好評の夏のデザートです。

もずくと順才(じゅんさい)の甘煮、 もものコンポート

八月の炊き合わせ　葉月

鰊茄子

【材料】
ソフトニシン（乾物）、なす、三度豆（P75参照）、辛子

【作り方】
① ソフトニシンは米のとぎ汁にひと晩浸けておき、身がふっくらするまで（約1時間）ゆっくりゆでる。水にさらしてうろこと骨をそうじする。
② ①を酒、砂糖、濃口醤油でしっかり煮詰める。
③ なすは半分に切り、斜めに切れ目を入れさっと油に通し、②の煮汁を二番出汁で薄め、淡口醤油で味を調えた出汁で煮込む。
④ ②を切り分け、③とともに器に盛り、色出しした三度豆、辛子を添える。

冬瓜と鱧のすり流し

【材料】
冬瓜、ハモ、梅肉

【作り方】
① 冬瓜は皮をむき、サクに切り分け、斜めに細かく包丁を入れる。重曹を少し混ぜた塩を皮目にすりこみ、なじませる。
② たっぷりの湯に塩を加え、①をやわらかくなるまでゆで、水によくさらす。
③ ハモは3枚におろし、細かく骨切りした後、皮を引き、身をよくたたく。
④ ③をすり鉢に入れ、酒と出汁でのばしながらすりつぶし、吸い地加減に調節する。
⑤ 吸い地八方に③の骨を焼いて加え、②を煮る。丘上げして冷ました後、漬けもどす。
⑥ 切り分けた⑤を器に盛る。④を沸かして器に注ぎ、梅肉を添える。

たこ小倉煮いろいろ

【材料】
小豆、タコ、タコの子、枝豆、寒天、卵、ゼラチン、花穂

【作り方】
① 小豆はひと晩水に浸けてもどし、ゆでこぼす。
② タコはそうじして、吸盤だけを少し切り取り、さっとゆでて取り置く。身は冷凍し、筋肉をほぐしておく。
③ タコの子は外側の膜を少し破り、花を開かせるようにしっかりゆでる。
　 水にさらし、甘めの八方出汁で煮込む。
④ ②を解凍し、少し甘めの濃口八方とともにバットに入れ、①の小豆と一緒にやわらかくなるまで
　 蒸し煮込みにする。
⑤ ④の出汁に寒天を煮溶かし、タコのやわらか煮と小豆と一緒に流し缶で冷やし固め、羊羹にする。
⑥ 吸盤と枝豆を入れた茶わん蒸しをつくり、泡立てた牛乳をかけてプリン風にする。
⑦ ③のタコの子を小口切りし、ラップの上に置き、ゼラチンを溶いた出汁をまわりに絡め、
　 ゼリーの茶巾にする。
⑧ ⑦のラップをはがし、⑤⑥とともに器に盛りつける。羊羹に花穂を飾る。

タコの子は薄い膜に覆われた球状の袋。膜を1カ所破って金串に引っかけ、熱湯にくぐらせて湯がく。
花開いたタコの子は濃厚な味わい。

八月の炊き合わせ 葉月

加茂茄子鴨まんじゅう胡麻がけ

【材料】
鴨ロース、加茂なす、当たり胡麻、わさび、花穂

【作り方】
① 鴨ロースの身はスライスし、片栗粉をまぶし、酒八方でさっと煮て丘上げする。
② 加茂なすは皮をむき、縦に6等分くらいに切り分ける。油で揚げ、①の煮汁を二番出汁で薄め、淡口醬油で味を調えた出汁でさっと煮て、鍋ごと手早く冷ます。
③ ラップの上に②の皮目を下にして置き、①をのせ、なすで鴨をくるむようにして茶巾にする。
④ ラップをはがして器に盛る。当たり胡麻に②の煮汁を少しずつ入れてのばし、砂糖と塩で調節したタレを上からかけ、わさびと花穂を添える。

もずくと順才の甘煮、もものコンポート

【材料】
もずく、ゆず果汁、じゅんさい、桃、レモン、ミント

【作り方】
① もずくはしっかりとさらして水気を切り、ゆず果汁を混ぜたシロップに漬ける。
② じゅんさいはさっと湯がいて色を出し、シロップに漬ける。
③ 桃は皮をむき、ひと口大に切ってコンポートにする。
④ ①②③を合わせて器に注ぎ、レモンとミントを飾る。

8 季節の料理を彩る むきもの・飾り切り

なすねじむき

ねじりながらむくため「ねじむき」と呼ばれ、なすなどの丸い野菜をむくのに適した手法。曲線に沿ってむくことができ、ムダがないほか、表面積が増えるので味がよく染み、揚げ物にも向いている。

なすはへたと下部を切り落とし、円柱形にする。刃元から皮に包丁を入れ、なすを外側にねじりながら包丁を引いてむく。なすの形に逆らわず、刃元から刃先までを大きく使って同じリズムで上下に動かし、なすを回しながら細く細かくむいていく。

京料理 炊き合わせ 長月【九月】
ながつき

アワビのもっちりとした食感と
白ずいきのシャキッとした軽妙な食感が持ち味です。

鮑やわらか煮と
白ずいき

一度油で揚げたなすが、アナゴのうま味をたっぷり吸って。
2色の菊花とわさびが華を添えます。

穴子と加茂茄子

田楽は京都らしい
白味噌仕立て。
いちじくの甘さが
豚角煮のコクを
引き立てます。

豚角と
いちじくの田楽

鰻冬瓜葛煮
うなぎとうがんくずに

油との相性がよい旬の冬瓜は、
うなぎのうま味もたっぷり吸わせて。

アボカドアイス
洋なしのコンポート

洋なしのコンポートが
アボカドの種に?
見た目でも女性に
喜ばれるデザートです。

九月の炊き合わせ　長月

鮑やわらか煮と白ずいき

【材料】
アワビ、白ずいき、梅肉、ナスタチウム（P75参照）

【作り方】
① アワビはやわらかく煮込む（P74参照）。
② 白ずいきは下処理し（P75参照）、①の煮汁を二番出汁で薄めた出汁でさっと煮る。
③ 器に盛り合わせ、梅肉とナスタチウムを添える。

穴子と加茂茄子

【材料】
アナゴ、加茂なす、わさび、菊花、花穂

【作り方】
① アナゴはそうじして煮込む（P63参照）。
② 加茂なすはねじむきし（P98参照）、さっと油に通し、
　①の煮汁を淡口醤油で調味した出汁で煮込む。
③ 器に②を盛り、①をかぶせるように盛り合わせる。
　②の出汁に葛を溶いたあんをかけて、わさび、菊花、花穂を添える。

豚角といちじくの田楽

【材料】
豚バラ肉ブロック、いちじく、白の田楽味噌、むかご、枝豆、クコの実、辛子

【作り方】
① 豚バラは3cm幅くらいに切り分け、タコ糸でしばり、フライパンで脂を落とすようにしっかり焼く。
② 鍋に①を入れ、出汁でやわらかく煮込み、みりんと淡口醤油で薄く味をつけてさらに煮込む。
　 あとで田楽味噌をかけるため。ここでは薄めに味つけしておく。
③ いちじくは皮をむいて蒸した後、②の煮汁でさっと煮る。
④ 器に盛り合わせ、田楽味噌をかける。湯がいたむかごと枝豆、クコの実、辛子を添える。

九月の炊き合わせ　長月

鰻冬瓜葛煮

【材料】
うなぎ、冬瓜、クコの実、わさび

【作り方】
① うなぎは白焼きにし、酒のきいた八方出汁でしっかり煮込む。
② 冬瓜はやわらかくゆで(P95参照)、①の煮汁をみりんと塩で調味してしっかり煮込む。
③ ①と②を切り分けて器に盛り合わせる。②の出汁を葛で溶いたあんを流し入れ、クコの実とわさびを添える。

アボカドアイス 洋なしのコンポート

【材料】
アボカド、洋なし、ピーテンドリル*

【作り方】
① アボカドは半分に切り、種を取って中をくり抜き、ペーストにする。皮はとっておく。
② 牛乳、生クリーム、砂糖で味つけし、アイスクリーマーで固まるまで混ぜる。
③ 洋なしは丸くくり抜き、シロップで煮る。
④ ①の皮に②を詰め、③を種のように盛り、ピーテンドリルを飾る。

＊ピーテンドリル：スナップエンドウのスプラウト(新芽)。生でも食べられ、飾り野菜として使うことが多い。

9 季節の料理を彩るむきもの・飾り切り

松茸小いも

小いもの下側を六方（P64参照）にむき、皮を松茸の笠に見立てる。旬の小いもで秋の味覚を表現した、この時期ならではの愛らしいむきもの。

小いもの下部のへたを切り落とす。皮の上から1/4ほどに包丁の刃を当て、小いもを回しながら切れ目を1周入れる。下から皮を六方にむき、切れ目まできたら皮を外し、松茸の笠をつくる。

京料理
炊き合わせ

神無月
かんなづき
【十月】

鱧松煮
(はも まつ に)

椀物として登場することの多い
ハモと松茸は秋のうまいもん同士ですが、
今回はさっと煮て仕上げました。

子持鮎油煮と干しいちじく

子持アユを100℃の油でじっくり加熱すると、塩味だけでしっとり仕上がります。

素焼きの鍋に見立てた小かぶに、
旬の美味を詰めて蒸し上げました。

小蕪宝楽煮
（こかぶほうらくに）

秋のデザートらしく、
甘く煮たとりどりの秋の美味を、
香ばしいタルト生地に
吹き寄せ盛りにします。

秋野菜のタルト

黄身揚げにした車海老をきのこの甘酢で煮た、ほんのり酸味のきいた炊き合わせです。

車海老黄身煮ときのこの甘酢煮

十月の炊き合わせ　神無月

鱧松煮

【材料】
ハモ、松茸、三つ葉、ぎんなん、梅肉

【作り方】
① ハモは3枚におろし、骨切りをしてひと口大に切り、軽く塩をし、葛粉を全体にまぶす。
② ①と裂いた松茸を八方出汁でさっと煮る。
③ 器に盛りつけ、色出しした三つ葉、揚げたぎんなん、梅肉を添える。

子持鮎油煮と干しいちじく

【材料】
子持アユ、干しいちじく、小松菜、紅胡椒

【作り方】
① 子持アユは塩焼きにしてそのまま冷まし、中まで塩をなじませる。
② 油の中に①を並べ、100℃を保ちながら骨がやわらかくなるまで加熱する。
③ 干しいちじくはもどし、甘辛く煮詰める。
④ 小松菜は色出しし、吸い地八方に漬けておく。
⑤ 器に盛り合わせ、紅胡椒を散らす。

小蕪宝楽煮

【材料】
小かぶ、しめじ、栗、ぎんなん、車海老、卵、わさび

【作り方】
① 小かぶは六方にむき、真ん中を丸く抜き取る(P88参照)。
② 軽く湯がき、崩さないように吸い地八方でさっと煮る。
③ ②の小かぶの中に、さっと煮たしめじ、蒸した栗、揚げたぎんなん、ゆでた車海老を盛り込み、同割の卵地を流し入れ、蒸し固める。
④ 器に盛り、葛でとろみをつけた②の出汁をかけて、わさびを添える。

十月の炊き合わせ 神無月

車海老黄身煮ときのこの甘酢煮

【材料】
車海老、卵黄、えのき茸、なめ茸、椎茸、枝豆

【作り方】
① 車海老は開いて片栗粉をつけ、卵黄を絡める。低温の油で黄身が固まるまで揚げ、酒八方でさっと煮る。油の温度が高いと色がくすむので、低温で揚げる。
② ①の出汁に砂糖と酢を入れて味を調え、えのき茸、なめ茸、さっと油通しした椎茸を煮込む。
③ 器に②を盛り、①をのせ、ゆでた枝豆を散らす。

秋野菜のタルト

【材料】
かぼちゃ、さつまいも、栗、むかご、枝豆、干しいちじく、レッドソレル

【作り方】
① タルト生地をつくる。バターをクリーム状になるまで混ぜ、砂糖を加えてさらに混ぜる。溶き卵を入れて混ぜ、振るった小麦粉を入れてさっくりと混ぜ合わせる。
② ①をまとめ、ビニール袋に入れ3時間ほど寝かす。
③ ②の生地をのばし、タルト台にのせて成型して180℃のオーブンで焼く。
④ 焼き上がったタルト生地にカスタードクリーム(P51参照)を流し込む。
⑤ かぼちゃはさいの目に切り、さつまいもは半月に切り(P170参照)、湯がく。栗は渋皮を残してむき、数回ゆで、さらし、渋を抜く。むかごと枝豆は湯がく。
⑥ ⑤をシロップで煮る。
⑦ ④に⑥の野菜のシロップ煮、干しいちじくを盛りつけ、レッドソレルを飾る。

10 季節の料理を彩る むきもの・飾り切り

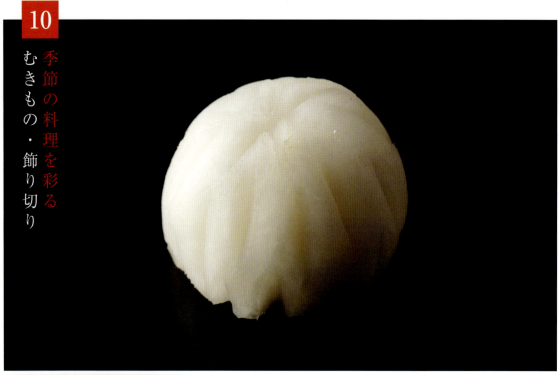

菊花小かぶ

開花前の凛とした菊の花を小かぶで表現。ランダムに入れる筋が花びらの表情の決め手となる。細かいかぶの筋は、三角ノミの方が細工しやすい。

基本は小かぶを六方(P64参照)にむき、角をとり、丸く整えるが、ここでは六方小かぶ(P88参照)でくり抜いた中身を小菊として使用。頂点に刃先をV字に入れ、切り取って筋を入れる。中心を合わせ、2本目の筋を1本目にクロスさせて切り取る。同様にもう1本入れ、計3本の筋を切り取る。側面の筋も、頂点に入れた筋の間にV字を入れ、切り取っていく。上下の位置をずらしながら、斜めの筋や長短の筋を交え、筋を全体にランダムに入れる。

京料理 炊き合わせ

霜月
しもつき
【十一月】

甘鯛と豆腐煮

甘ダイは酒蒸しに、豆腐は骨と一緒に煮て。深まる秋にほっこりする一品です。

海老芋
蟹あんかけ

ふっくら煮含めた海老いもに、
カニあんをとろりとかけていただきます。

秋の吹き寄せ煮

ほくほくの旬野菜の煮物を、紅葉のむきものの演出で
見映えよく盛り合わせました。

シンプルな組み合わせの
はりはり鍋を、自家燻製のコロで
味と香りに変化をつけました。

コロ燻製のはりはり煮

ねっとりとした
海老いもの食感を生かした
2種のデザートです。

海老芋ソフト、海老芋チョコ

十一月の炊き合わせ　霜月

甘鯛と豆腐煮

【材料】
甘ダイ、絹ごし豆腐、菊菜、ゆず

【作り方】
① 甘ダイは3枚におろし、軽く塩をしてなじませる。
② 昆布を敷いた①に酒をたっぷりかけ、ふっくらと蒸す。
③ ②の蒸し汁をみりんと淡口醬油で調味し、絹ごし豆腐をしっかり煮込む。
④ 菊菜は色出しし、吸い地八方に漬けておく。
⑤ 器に②と③を盛り合わせ、たっぷりの煮汁をかけ、④と針ゆずを添える。

海老芋蟹あんかけ

【材料】
海老いも、カニ身、ゆず、胡瓜

【作り方】
① 海老いもは六方にむき(P64参照)、米のとぎ汁でやわらかくゆで、水にさらす。
　　醬油を控えた甘めの八方出汁でゆっくり煮込む。
② ①の煮汁を二番出汁で薄め、淡口醬油で味を調える。
③ 器に①を盛り、②をかけ、針ゆず、松葉に切った胡瓜(P140参照)を添える。

秋の吹き寄せ煮

【材料】
小いも、かぼちゃ、かぶ、人参、さつまいも、じゃがいも、胡瓜

【作り方】
① 小いもは松茸型に切り(P108参照)、かぼちゃは木の葉にむき(P130参照)、かぶは小菊にむき(P120参照)、人参はモミジに抜き、それぞれ下ゆでする。
さつまいもはイチョウに抜き、クチナシと一緒にゆでる。
じゃがいもは松笠にむき(P20参照)、油でさっと揚げる。
② ①をそれぞれ出汁で軽く煮る。
③ 器に盛り合わせ、じゃがいもを煮た出汁を葛で溶いたあんを上からかける。
松葉に切った胡瓜(P140参照)を添える。

十一月の炊き合わせ　霜月

コロ燻製のはりはり煮

【材料】
くじらコロ、水菜、人参、ゆず、山椒

【作り方】
① コロは水に浸けてもどし、水気を切った後、塩をあててなじませ、燻製にする。
② 酒のきいた鍋出汁で、スライスしたコロ、水菜を入れてさっと煮る。
③ 仕上げに、棒に切った人参とゆず、山椒を散らす。

海老芋ソフト、海老芋チョコ

【材料】
海老いも、平湯葉、クーベルチュール（P63参照）

【作り方】
① 海老いもは米のとぎ汁で湯がき、丘上げする。
　 海老芋に竹串がすっと入るくらいやわらかくなるまでシロップで煮る。
② 海老いもソフトをつくる。①を裏ごしし、牛乳、生クリーム、砂糖で味をつける。
③ 平湯葉は低温の油でカリカリに揚げる。
④ 器に③を入れ、②の海老いもをソフトクリーム状にしぼり出す。
⑤ 海老いもチョコをつくる。①をサイコロ状に切り、湯せんで溶かしたクーベルチュールをかけて
　 固める。器に盛り、金粉を飾る。

11 季節の料理を彩る むきもの・飾り切り

木の葉かぼちゃ

かぼちゃの黄色が秋の葉を思わせる。葉のギザギザの角度を変えてむくと、それらしい形に。皮の緑色を少し残し、紅葉しつつある葉を表現しても面白みがある。

カーブがちょうどよい、かぼちゃの上部を使う。必要な大きさに切り、横にしてまな板に置き、内側を切って平らにする。幅がある側の角を三角に切り、粗い葉っぱの形にする（細い方が葉先）。皮は完全にむいて黄色を出しても、緑を残してもよい。側面を滑らかな葉の形に切って整え、切れ目を入れる。切れ目は葉先にいくほど徐々に角度をつけ、深めに入れる。葉先側の切れ目の先から次の切れ目の深いところに向かって、丸みをつけて切り、葉のギザギザをつくる。反対側も同様に。

京料理
炊き合わせ

師走
しわす
【十二月】

蟹ひろうす

豆腐の水分をしっかり切ることが
出汁の汁気を含みふんわりした
ひろうすをつくる勘どころです。

冬のごちそう、てっちりを炊き合わせ風に盛りつけてみました。

フグの葛煮 てっちり仕立て

柑橘類と相性のよい鴨。お互いの香りとうま味を出汁を介して交換し合います。

鴨ロースと金柑の煮物

鰤大根

二月にも登場したブリ大根ですが、
こちらはより定番的おばんざい。
大根はブリの煮汁を調節して
別々に煮ることが仕上がりの決め手です。

道明寺を揚げたパフにりんご甘煮の玉子とじをかける、
人気のデザートどんぶりです。

りんご丼ぶり

十二月の炊き合わせ　師走

蟹ひろうす

【材料】
カニ身、豆腐、山のいも、当たり胡麻、ゆり根、ぎんなん、きくらげ、
うぐいす菜、しょうが、花穂、ゆず

【作り方】
① 豆腐は押して水気を切り、裏ごしし、おろした山のいも、当たり胡麻、少量の砂糖、
　醤油を入れ、混ぜ合わせる。
② ①にほぐしたカニ身、湯がいたゆり根、ぎんなん、刻んだきくらげを混ぜ合わせ、
　丸にとって表面を油で揚げる。
③ 少し甘めの鍋出汁で、②をゆっくり煮込む。
④ 器に③のひろうすを盛り、③の出汁に葛を溶いたあんをかける。色出しして吸い地八方に
　漬けておいたうぐいす菜、おろししょうが、花穂を添え、振りゆずをする。

フグの葛煮てっちり仕立て

【材料】
フグ、白菜、椎茸、水菜、葛切、青ねぎ、もみじおろし、ゆず

【作り方】
① フグはさばき、ヌメリを取ってそうじし、アラと身をひと口大に切り、軽く塩をする。
② 白菜は吸い地加減の出汁でゆで、巻き簾に並べて細く巻き込んでおく。
③ ①と椎茸は吸い地八方で煮る。水菜は色出しし、吸い地八方に漬けておく。
④ ②を切り分け、③、もどした葛切とともに器に盛り合わせる。
　軽くポン酢をかけ、青ねぎ、もみじおろし、棒に切ったゆずを添える。

鴨ロースと金柑の煮物

【材料】
鴨ロース、きんかん、水菜、白ねぎ、紅胡椒

【作り方】
① 鴨ロースはそうじして、フライパンで皮の脂をしっかり出しながら、こんがり焼き目がつくまで焼く。
② 鍋に酒、みりん、淡口醤油、砂糖を少し甘めに味つけして入れ、アルコールを飛ばしたところに①を加え、中がレアな状態になるように蒸し煮込みする。
③ 中がやわらかい状態で取り上げ、金串で身を刺して血抜きし、煮汁と鴨ロースを別々に冷ます。
④ 冷ました煮汁の表面に浮いた脂を取りのぞき、鴨ロースを漬けもどす。
⑤ ④の煮汁を二番出汁で薄め、一度ゆでたきんかんを煮る。
⑥ きんかんの風味がついた⑤の出汁を、④の煮汁にもどす。
⑦ 鴨ロースをスライスし、きんかんとともに器に盛り合わせる。色出しして吸い地八方に漬けておいた水菜、針に切った白ねぎ、紅胡椒を添える。

こんがり焼いた後、蒸し煮込みした鴨は、金串で4～5カ所を突き（針打ち）、吊り下げて血抜きをする。

十二月の炊き合わせ　師走

鰤大根

【材料】
ブリのカマ、丸大根、ほうれん草、ゆず、一味唐辛子

作り方
① ブリのカマはひと口大に切り、さっと霜降りし、うろこや血などをそうじする。
② ①を酒、砂糖、濃口醤油でしっかり煮詰める。
③ 丸大根は皮を薄くむき、三角に切り分け、米のとぎ汁でやわらかくゆでる。
④ ②の煮汁を二番出汁で薄め、淡口醤油で味を調え、③をしっかり煮込む。
⑤ 器に盛り合わせ、色出しして吸い地八方に漬けておいたほうれん草、
　　針ゆずを添え、一味唐辛子をかける。

りんご丼ぶり

【材料】
りんご、卵、道明寺＊、ミント

【作り方】
① りんごはひと口大に切り、バターで炒め、牛乳、生クリーム、砂糖で煮る。
② ①を卵でとじる。
③ 道明寺は180℃の油で揚げ、器に盛る。
④ ③に②を盛りつけ、細長く切ったりんごの皮、ミントを飾る。

＊道明寺：蒸して乾燥させたもち米のこと。

12 季節の料理を彩る むきもの・飾り切り

松葉胡瓜

切り離していない部分に海苔を巻くと、より松葉らしい雰囲気に。胡瓜のむきものはアレンジの幅が広く、バリエーションも豊富。

胡瓜のへたを落とし、つくりたい松葉の長さに切る。厚めにむいた皮を、3mm幅ほどで切れ目を入れ、上部はつなげたままにしておく。2度目に入れる包丁で切り離す。水にさらしてシャキッとさせ、水気を切ってから、つながっている部分に海苔を巻く。

京料理 炊き合わせ

小鍋味暦(あじごよみ)

| 睦月 | 一月の小鍋 |

タラの身と白子の主役親子に、かぶのみぞれ汁の
名脇役がいい味を出しています。

鱈(たら)親子みぞれ鍋

コイの脂が乗っておいしくなる季節。
甘みのある白味噌にとろみをつけ、餅も合わせてほっと温まります。

鯉こく鍋

弥生　三月の小鍋

ふたつの食材を"合わせ炊き"。わかめがハマグリのうま味をしっかり吸ってこそ、シンプルなおいしさが光ります。

蛤と若布の鍋
はまぐり　わかめ

卯月　四月の小鍋

濃厚な胡麻あんの出汁に、
胡麻と相性抜群のわらびと魚介を合わせました。

わらびの胡麻鍋

皐月　五月の小鍋

海老やホタテの淡い色合いを引き立てるうすい豆ペーストの鮮やかなグリーンで、見た目も変わり鍋に仕立てました。

うすい豆鍋

水無月　六月の小鍋

スズキとトマト。意外に相性のよい食材を合わせ、
やさしい味の玉子豆腐を下に敷いてトマト出汁の濃厚さをより前面に。

すずきトマト鍋

| 文月 | 七月の小鍋 |

いもとタコはいわずもがな、タコの出汁とカレーはじつによく合います。
店のまかないでもタコカレーは出番が多いですね。

芋蛸カレー鍋

| 葉月 | 八月の小鍋 |

冬の定番おでんを、出汁で煮た夏野菜を具にした夏の鍋バージョンに。
冷やしおでんもありますがこちらは熱々で。

夏野菜のおでん

| 長月 | 九月の小鍋 |

出汁と野菜を入れた鍋に熱々にし、その蒸気で
新鮮なハモの身を開かせて仕上げるちょっと珍しい一品です。

鱧鍋
_{はも}

| 神無月 | 十月の小鍋 |

ホホ肉を出汁でしっかりと、そのあと味噌出汁でもじっくり煮込むと、
ビーフシチューのようなコクに仕上がります。

牛ホホ肉と木の子の味噌鍋

| 霜月 | 十一月の小鍋 |

粕汁には通常、サケやブリを入れますが、サーモンをスモークして
少し変わった深みのある味に仕立てました。

自家製スモークサーモンの粕鍋

師走　十二月の小鍋

すっぽん独特のうま味をもずくにのせる意外な組み合わせですが、
ふつうのすっぽん鍋にはない小気味よい食感とうま口に。

すっぽんもずく鍋

睦月　一月の小鍋

鱈親子みぞれ鍋

【材料】
タラ身、タラ白子、かぶ、かぶ菜、京人参、水前寺海苔、ゆず

【作り方】
① タラの身はひと口大に切って軽く塩をあてる。白子は塩で軽くもみ、水でさらした後、小口に切って霜降りする。
② 鍋出汁にすりおろしたかぶと①を入れて火にかける。
③ 仕上げに、あられに切ったかぶ、かぶ菜、京人参、水前寺海苔、ゆずを散らす。

如月　二月の小鍋

鯉こく鍋

【材料】
コイ、白味噌、餅、せり、辛子

【作り方】
① コイは3枚におろし、骨切りしてひと口大に切り、軽く塩をあてる。片栗粉をまぶして唐揚げにする。
② 出汁に葛で軽くとろみをつけ、白味噌を溶き、①と焼き餅を入れて火にかける。
③ 仕上げに刻んだせり、辛子を添える。

弥生　三月の小鍋

蛤と若布の鍋

【材料】
ハマグリ、わかめ、人参、うど、三つ葉、胡椒、木の芽

【作り方】
① 鍋出汁にハマグリともどしたわかめを入れて火にかける。
② ハマグリが開いたら、棒に切ったうど、人参、三つ葉を加える。
③ 仕上げに胡椒、木の芽を添える。

卯月　四月の小鍋

わらびの胡麻鍋

【材料】
わらび、海老、ホタテ、当たり胡麻、わさび

【作り方】
① わらびは塩でもんでそうじし、灰を振りかけ、熱湯から少し水を足した約90℃の湯に浸け、蓋をしたまま冷ましてアクを抜く。
② ①を水にさらし、食べやすい長さに切り、吸い地八方でさっと煮る。
③ 海老はゆで、ホタテは炙っておく。
④ 鍋出汁に当たり胡麻を溶き、葛で軽くとろみをつけて火にかける。
⑤ ②と③を入れ、仕上げにわさびを添える。

| 皐月 | 五月の小鍋 |

うすい豆鍋

【材料】
うすい豆（P48参照）、海老、ホタテ、岩茸

【作り方】
① うすい豆は重曹と塩を少々入れた湯でゆがき、そのまま冷水につけて冷ます。
② ①の豆を少しだけ取っておき、裏ごしする。
③ 鍋出汁に②の豆ペーストを溶き、葛で軽くとろみをつけて火にかける。
④ ゆでた海老、炙ったホタテ、もどした岩茸を入れる。
　　仕上げに②で取っておいたうすい豆を散らす。

| 水無月 | 六月の小鍋 |

すずきトマト鍋

【材料】
スズキ、トマト、玉ねぎ、卵、大葉

【作り方】
① スズキは3枚におろし、ひと口大に切り、軽く塩をする。
② トマトと玉ねぎはあられに切り、フライパンで炒めて水分を飛ばし、
　　ミキサーにかけて出汁でのばしながらとろとろにする。
③ 玉子豆腐をつくる。卵は同量の出汁で溶き、軽く醤油で味をつけ、
　　流し缶に流し入れて蒸し固める。
④ ②のトマト出汁を調整して鍋八方加減に味をつけ、火にかける。
⑤ ③と①を入れて煮る。仕上げに刻んだ大葉を添える。

文月　七月の小鍋

芋蛸カレー鍋

【材料】
タコ、小いも、玉ねぎ、人参、万願寺唐辛子、カレー粉

【作り方】
① タコはそうじし、足を切り分け、1本ずつ冷凍して筋肉をほぐす。
② ①を解凍し、霜降りした後、少し濃いめの八方出汁で
　　やわらかくなるまで蒸し煮込みにする。
③ 小いもは米のとぎ汁でやわらかくなるまでゆで、水にさらした後、八方出汁でゆっくり煮込む。
④ 玉ねぎと人参はみじん切りにしてフライパンでよく炒める。
　　②の煮汁とカレー粉を加え、葛で軽くとろみをつける。
⑤ 小鍋に④のカレー出汁を入れて火にかける。
⑤ ②と③を入れ、仕上げにさっと揚げた2色の万願寺唐辛子の輪切りを添える。

葉月　八月の小鍋

夏野菜のおでん

【材料】
加茂なす、冬瓜、白ずいき、牛スジ、プチトマト、オクラ、辛子

【作り方】
① 加茂なすは皮をむき、ひと口大に切ってさっと揚げ、八方出汁で煮込む。
② 冬瓜は下処理をして(P95参照)、八方出汁でさっと煮る。
③ 白ずいきは下処理をして(P75参照)、塩八方に漬けておく。
④ 牛スジは霜降りし、鍋出汁でコトコトやわらかく煮込む。
⑤ ④の煮汁を調整して鍋八方加減に味をつけ、火にかける。
⑥ ①～④を入れ、素揚げしたプチトマト、湯がいたオクラを加える。仕上げに辛子を添える。

長月　九月の小鍋

鱧鍋

【材料】
ハモ、玉ねぎ、平茸、水菜、葛切、あさつき、もみじおろし

【作り方】
① ハモは3枚におろし、骨切りをしてひと口大に切り、軽く塩をする。
② 鍋出汁に玉ねぎ、平茸、水菜、葛切を入れて火にかける。
③ グツグツとなってきたところで①をのせる。
④ 皮に火が入り、身が開いたら、刻んだあさつき、もみじおろしを添える。

神無月　十月の小鍋

牛ホホ肉と木の子の味噌鍋

【材料】
牛ホホ肉、しめじ、椎茸、平茸、ほうれん草、赤山椒

【作り方】
① 牛ホホ肉に塩を当て、フライパンで全面に焼き目をつけ、酒をたっぷり入れた出汁で
　 やわらかくなるまで煮込む。
② ①の煮汁に赤味噌を溶き、そのまま冷ます。
③ 小鍋に②の味噌出汁を入れて火にかける。
④ ひと口大に切ったホホ肉、きのこ類を入れて煮る。
　 仕上げに、ゆでたほうれん草を添え、赤山椒を散らす。

霜月　十一月の小鍋

自家製スモークサーモンの粕鍋

【材料】
サーモン、大根、酒粕、ねぎ、一味唐辛子

【作り方】
① サーモンはべた塩＊をして1日おく。水にさらして塩を抜き、軽く風を当て表面を乾かす。
② スモークウッドで冷燻＊にする。
③ 大根を輪切りにして、やわらかくなるまでゆで、吸い地八方で煮る。
④ 鍋出汁に酒粕を溶き、葛で軽くとろみをつけて火にかける。
⑤ ③を入れ、②のスモークサーモンのスライスをのせる。
　　仕上げに刻んだねぎ、一味唐辛子を添える。

＊べた塩：サバやサケなどに、上下から挟むように大量に塩をすること。魚の生臭さを除き、身をしめる働きがある。
＊冷燻：スモークサーモンの冷燻は、スモークウッドに火をつけて30℃以下で約2時間放置する。燻製にできたら冷蔵庫で1〜2日寝かせて完成。

師走　十二月の小鍋

すっぽんもずく鍋

【材料】
すっぽん、もずく、餅、白ねぎ、青ねぎ、しょうが

【作り方】
① すっぽんはさばき、少し冷ました湯につけ、薄皮をむく。
　　1匹に対して1升の酒でアクを取りながらやわらかく煮込む（P168参照）。
② もずくは洗って適当な長さに切り、吸い地八方に漬けておく。
③ ①のすっぽんを骨、身、皮に分ける。
　　①のすっぽん出汁は鍋八方加減に調整し、葛で軽くとろみをつける。
④ 小鍋に③の出汁を入れて火にかける。
⑤ ②、すっぽんの皮の部分、焼き餅、白ねぎを入れる。
　　仕上げに刻んだ青ねぎ、おろししょうがを添える。

13 季節の料理を彩る むきもの・飾り切り

より人参

桂むきした人参を斜めに細く切り、串などに巻きつけて形づくる、造りや酢の物、サラダなどにあしらいとして添えるむきもの。胡瓜や大根など、色の違う野菜と合わせて用いると、より華やかな印象に。

人参の細い部分を使う。カーブが強いので、"より"にしたときに巻きやすい。薄く皮をむき、けんにするときよりも厚めに、厚さを均等に桂むきする。まな板に桂むきを広げ、斜めに細く切る。"より"は細く長い方が存在感が出る。串に巻きつけ、指先に力を入れて形づくり、冷水にさらし形を固定させる。

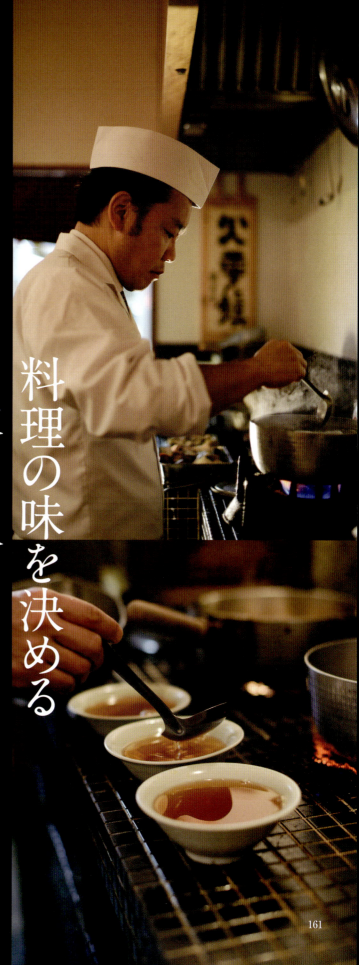

京料理 炊き合わせ

料理の味を決める

基本の出汁のとり方

一番出汁

透き通った黄金色の一番出汁。
上品な香りと繊細な味わいが特徴で、
主に吸い物の吸い地（椀物の汁）に用いる。

【材料】
水1升（1.8ℓ）、昆布50g、かつお節50g

【作り方】
① 鍋に水、昆布を入れ、ひと晩浸けておく。
② 昆布がやわらかくもどったら、中火にかける。
③ 沸騰直前で昆布を引き上げ、すぐに火を消す。
④ 玉杓子1杯分程度の水（約70㎖）をさして温度を少し下げる（目安は90℃）。
⑤ かつお節を入れ、そのまま静かに沈むのを待つ。
⑥ 周囲のアクを取り、漉し器に流し入れて漉す。
⑦ クリアな出汁のできあがり。

◆ 一番出汁のポイント

・雑味やえぐみを出さないために、昆布は沸騰させずに直前に引き上げ、出汁がらはしぼらない。
・一番出汁をとったかつお節と昆布の出汁がら（A）は、二番出汁に。

二番出汁

一番出汁で使ったかつお節と昆布の出汁がらを煮立てて、うま味を引き出した二番出汁。煮物や味噌汁など幅広い用途で使う。

【材料】
水1升(1.8ℓ)、A 全量(P162「一番出汁のポイント」参照)、昆布20g、かつお節20g

【作り方】
① 鍋に水、A、昆布を入れる。
② かつお節を加え、強火にかける。
③ 沸騰したら中火にし、やや泡が出ている状態でそのまま約10分煮る。
④ 昆布を取り除き、漉し器に流し入れて漉す。
⑤ ペーパータオルの上から軽くしぼる。
⑥ できあがり。一番出汁よりやや濁りがあり、濃厚な風味。

煮物用出汁

3つのうま味を合わせた
こっくりとした味わい。
肉じゃが、タコと里いも煮など
濃いめの味を求める料理に。

【材料】
水1升（1.8ℓ）、昆布30g、さば節20g、煮干し10g

【作り方】
① 煮干しの内臓をとり除き、鍋にほかの材料もすべて入れ、ひと晩浸けておく。
② 火にかけ、10分ほどグラグラ煮立つ程度の火加減で煮る。
③ 少し火を弱めてかき混ぜ、周囲のアクを取る。
④ 昆布を取り除き、漉し器に流し入れて漉す。
⑤ ペーパータオルの上から軽くしぼる。
⑥ うま味の強い出汁のできあがり。

精進出汁

昆布に干し椎茸を合わせた出汁は、
精進料理やベジタリアン料理に。
昆布出汁とはまたひと味違った
上品な香りと味わいが生まれる。

【材料】
水1升(1.8ℓ)、昆布30g、干し椎茸30g

【作り方】
① 鍋に水、昆布、干し椎茸を入れ、ひと晩浸けておく。
② 昆布と干し椎茸がやわらかくもどったら、中火にかける。
③ 沸騰直前で火を消し、漉し器に流し入れて漉す。
④ ペーパータオルの上から軽くしぼる。
⑤ 素材の味を生かせる上品な精進出汁のできあがり。

潮出汁

新鮮なタイなどのアラを昆布とともに
水から煮た潮出汁は、
カマや骨からのうま味エキスが凝縮。
魚の生臭さを残さないよう、
丁寧な下処理をすることが大切。

【材料】
水1升(1.8ℓ)、タイのアラ 1尾分(約300g)、
昆布40g、酒200㎖

【作り方】
① タイを3枚におろす。上下の身以外を使用する。
② 頭(カマ)を割る。頭を立てて、口に包丁の切っ先を入れ、
　 そのまま縦半分に押し切る。
　 2つ割りにしたら裏側からたたき切る。
③ ①②のアラの血合いを落としながら水洗いし、
　 水気を切ってバットに並べる。
④ 表面が白っぽくなるまで振り塩(分量外)をする。
　 臭みをとるため、このまま2〜3時間おく。
⑤ 水できれいに洗う。
⑥ アラを霜降りする。沸騰した湯に入れ、表面が白くなったら
　 引き上げ、冷水にとる。細かい汚れを除く。

⑦ 鍋に水、昆布、酒を入れ、
　 ⑥の霜降りしたアラを加えて強火にかける。
⑧ 沸騰したら中火にし、約30分煮る。アクは丁寧に取り除く。
⑨ 昆布とアラを取り出し、漉し器で漉して、できあがり。

すっぽん出汁

高級食材すっぽんの出汁は、
深いまるみのあるおいしさが持ち味。
独特の臭みを消すため、
酒は水と同量とたっぷり使う。

【材料】
水・酒各1升（1.8ℓ）、すっぽん1匹、昆布40g

【作り方】
① すっぽんをさばく。
② 流水で血合いや汚れを落とす。
③ 湯通しする。熱湯ではなく少し冷ました湯にくぐらせる。
④ ボウルに入れた水に放し、すっぽんの外側にある薄皮をはぐ。
⑤ 再度流水で洗い、水気を切る。
⑥ 鍋に水、酒、⑤のすっぽん、昆布を入れ、約90分コトコト煮る。アクは丁寧に取り除く。
⑦ 漉し器に流し入れて漉す。
⑧ まろやかなコクのある出汁のできあがり。

◆ すっぽん出汁のポイント

・湯通しする温度は90℃程度に。
　熱湯に入れると皮が溶けてはぎにくくなる。
・関西ではすっぽん鍋をまる鍋ともいう。

合わせ出汁

合わせ出汁の基本となるのは、一番出汁(P162参照)または二番出汁(P163参照)。
出汁を煮立て、醤油、みりん(または砂糖)などで味をつけたもの。
ベースは出汁8に対して、みりんと醤油を1:1。
濃い味にしたいときは出汁を少なく、薄めにしたいときは出汁を多く、
出汁の量でバランスをとり、用途によって味加減を変える。

基本の割合 = 出汁：みりん：醤油

(写真上から)

割合 5：1：1

筑前煮、肉じゃがなど濃いめの煮物料理のベース。うどん・そばのつけ汁、天ぷらの天出汁など。

割合 8：1：1（八方出汁）

どんな食材にでも合い、あらゆる方面(＝八方)に利用できることから、「八方出汁」「八方地」とも呼ぶ。まさに万能の合わせ出汁で、本書の料理で多用。

・醤油の種類による「濃口八方」「淡口八方」のほか、醤油の色をつけずに仕上げる「塩八方」、食材のクセや臭みを抑えたり、甘みを足すために酒をきかせた「酒八方」と使い分ける。

・八方出汁をベースに、鍋料理に向いた「鍋八方(鍋出汁)」、吸い物の「吸い地八方」もあり、こちらも料理によって味を加減する。

割合 12：1：1

あっさりと味を含ませるもの、汁を食べる(飲む)ときの出汁。ゆでた野菜に漬ける出汁＝本書では「吸い地八方」として使っています。かけうどん・そば、鍋料理など。

14 季節の料理を彩る むきもの・飾り切り

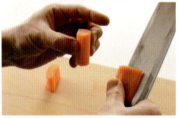

花びら人参

人参は半月から花びらをむいていく。花びらは薄すぎるとカーブがつかず、よれてしまうので、ある程度厚みをもたせてむくのがコツ。花びら大根と合わせて用いると、紅白のむきものに。

人参をむきやすい長さに切り、皮をむいて半月に木取る※。半月の両側の角を斜めに切り落とす。包丁を一息に動かし、シャープな曲線を描いて花びらの形に整える。花びらの先端になる部分に包丁を入れ、V字に切り取る。包丁使いにカーブをつけ、やや厚めにむいて花びらをつくる。

※**木取る(半月)**
丸く木取り(P64参照)、さらに半分に切った形。月の半分が輝いている状態をなぞらえて、半月と呼ぶ。複雑なむきものをつくる場合でも、基礎となることが多い形。

針

①しょうが ②わさび ③ねぎ
④胡瓜 ⑤ゆず ⑥人参
⑦千社軸（ちしゃとうの茎）

極細く切った針ゆずや針しょうが、針ねぎなどは、天盛りにしたり、薬味として添えるなど、さまざまな料理に幅広く用いる。料理を上品に見せるとともに、風味と食感でおいしさを際立たせる。針人参は、さっとゆでで水気をしっかりしぼり、円錐の形に整える。高さを出して盛りつけると料理に映える。

あられ

⑧ゆず ⑨かぶ ⑩人参
⑪しょうが ⑫うど ⑬千社軸

5〜7mmほどの正方形に切って、煮物や吸い物などに添えるあしらい。散らすと料理が華やぎ、軽やかさが生まれる。

棒

⑭千社軸 ⑮ゆず ⑯洋人参
⑰かぶ ⑱京人参

野菜を四角柱に整えたむきもの。これだけでは存在感に欠けるものの、丸みを帯びた料理に直線的な棒を添えることで変化がつき、引き締まって見映えよく仕上がる。

料理が映えるあしらい

むきもの・飾り切り、あしらいの役割

野菜の特性を生かす。

四季折々の料理を彩るむきもの・飾り切り、そして料理がより映えるあしらい。これらは野菜をさまざまな形状に切るだけでなく、その持ち味を利用して形づくることが多くあるため、それぞれの野菜の特性を知っておくことが大切。

料理を軸にデザイン。

むきものやあしらいは、まず主役の料理ありき。そこにどう合わせ、イメージをふくらませ、情景を広げていくか。むきもの、あしらい、器（P173〜参照）など、すべてが料理を生かす演出法となるため、料理を軸にデザインする感性も鍛えたい。

目で味わうための技。

身近な野菜で花鳥風月を表現したり、季節の行事や祭事を盛り立てたり。味はもとより、美しい彩り、そこに盛り込まれた季節、盛りつけもおいしさのひとつ。"目で味わう"の言葉通り、むきものやあしらいは京料理を引き立てる技といえる。

京料理 炊き合わせ
器で料理を演出する。

角皿・角鉢

大きさや深さも多種多彩、実直な佇まいをもつ角皿や角鉢。
ちなみに長皿は、魚を1尾丸ごと焼いて、そのままのせるためにつくられた。
江戸時代前期に登場したという、魚を食べる日本人ならではの器。

蓋付き碗

料理の中身に期待感をもたせてくれ、温かい料理の保温効果もある蓋付き碗。
食材をより一層際立たせる効果があり、蓋を取ったときにふわっと立ち上がる香りと、
目に飛び込む盛りつけに魅せられる。

脚付き・高台の器

脚付きや高台の器は、一緒に並べた器との高さに変化をつけることで食卓が華やぎ、あらたまった雰囲気も演出できる。高さや形、仕上げの工夫から、つくり手の思いや技術にも会話の花が咲きそう。

手付き器

左右に通したやわらかな曲線や片サイドの丸みなど、
柄の形状によって印象が変わるほか、脚や高台と同じように、
目線に変化が生まれる効果も。料理を立体的に演出できるうえ、盛り映えする。

変わり器

ユニークな形だったり、動植物に模していたり、色柄が個性的だったり。
遊び心あふれる器に興味を向けさせることで、会席の緊張感を和らげる。
料理の汁気を受けとめてくれる深さのあるものが多い。

ガラス器

シャープな透け感が、一気に涼を感じさせてくれるガラスの器。
模様や色入り、厚み…とテイストもとりどり。
盛る料理はもちろん、陶磁器、漆器、木工の皿など異素材と組み合わせ、1年を通して使いたい。

器と盛りつけのアレンジ

一月　蛤真丈

蛤団子鍋にすると出汁もしっかり味わえる。

八月　鰊茄子

プチトマトやかいわれなどを加え、ガラスプレートで彩りよくサラダ仕立てに。

涼を誘う1人盛りの冷やし碗。

大きさや形、色の異なる器で、盛りつけにも変化をつけて。
同じ料理にまた違った趣向を凝らした器演出の一例です。

十月　小蕪宝楽煮

半月切りの小かぶの上に玉子あんをかけて。あんと器の黄色をきかせて秋らしい表情に。

十二月　鴨ロースと金柑の煮物

鴨と金柑の色合いが映える白い器で、どこか洋の意匠も漂う凛とした盛りつけ。

宮川町 水簾 総料理長

島谷 宗宏 しまたに むねひろ

1972年奈良県生まれ。高校卒業後、「京都新都ホテル松浜」にて黒崎嘉雄氏に師事。その後、「嵐山辨慶」「貴船ひろや」などで修業を積み、2003年「都旬膳 月の舟」の料理長に就任。2009年、日本料理アカデミー「第2回日本料理コンペティション」において、近畿・中国・四国地区予選大会にて優勝。2010年、テレビ東京TVチャンピオンR「世界包丁細工王決定戦」でチャンピオンとなる。2012年、「宮川町 水簾」料理長に就任。2016年、総料理長に就任。主な著書に、『一度は作ってみたい 極みの京料理50』『飾り切り教本』『美しい京の弁当と仕出し』『最新むきもののワザ』『季節の椀もの入門』など。

宮川町 水簾(すいれん)

2012年、花街で有名な京都・祇園町南側の宮川町にオープンした日本料理店。四季折々の旬の食材を、おもてなしの心を尽くして丹念に仕上げた割烹・会席料理を提供。風情のある町屋造りの店舗は、1階は美しい一枚板の白木カウンター席、2階には天然木のテーブルを配した掘りごたつ席や、落ち着いた雰囲気のテーブル席など、個室3室が用意されている。1階のカウンター10席では、おくどさんなどから立ち上る湯気や料理人の調理風景、包丁技や会話などが間近で楽しめるのも魅力のひとつ。

京都市東山区宮川筋2-253
☎075-748-1988
営業時間／12:00〜13:30LO
　　　　　18:00〜20:00LO
定休日／月曜
http://www.kyoto-suiren.com

STAFF	
器協力	林漆器店（大阪市）　川本 雅彦（P110・111）
調理アシスタント	河島　亮
	日岡良輔
	榎並将史
	田中大聖
	山本玄太
	八重樫哲也
	（宮川町 水簾スタッフ）
撮影	楠本夏彦
編集・文	佐藤澄子
デザイン	池内重仁（ELWooD GRAPHICS）
企画プロデュース	水谷和生

京料理 炊き合わせ
伝統と進化の72品

平成29年4月5日　初版発行

著　書	島谷宗宏（しまたにむねひろ）
発行人	早嶋　茂
制作代表	永瀬正人
発行所	株式会社 旭屋出版

〒107-0052
東京都港区赤坂1-7-19　キャピタル赤坂ビル8F
TEL：03-3560-9065（販売）
　　　03-3560-9066（編集）
FAX：03-3560-9071
郵便振替：00150-1-19572
旭屋出版ホームページURL
http://www.asahiya-jp.com/

印刷・製本　シナノ印刷

許可なく転載・複写ならびにweb上での使用を禁じます。
＊落丁、乱丁本はお取り替えいたします。

ⒸMunehiro Shimatani, Kazuo Mizutani, Asahiya Shuppan, 2017. Printed in Japan
ISBN978-4-7511-1266-3 C2077